DE ONDE VEM NOSSA COMIDA?

DE ONDE VEM NOSSA COMIDA?

2ª edição

EXPRESSÃO POPULAR

São Paulo - 2016

Organizadoras
Maria Cristina Vargas e Nivia Regina da Silva

Elaboração:
Camilo Monteiro do Amaral Alvarez, Cecília da Silveira Luedemann, Diana Daros, Dionara Soares Ribeiro, Elisiani Vitória Tiepolo, José Maria Tardin, Leonardo Alves da Cunha, Maria Cristina Vargas, Nivia Regina da Silva

Projeto Gráfico:
Expressão Popular, Juão Vaz e Marina Tavares

Ilustrações:
Juão Vaz

2ª edição: março de 2016

Dados Internacionais de Catalogação-na-Publicação (CIP)

D418 De onde vem nossa comida. / Organizadoras Maria Cristina Vargas, Nívia Regina da Silva,–2.ed. —São Paulo : Expressão Popular, 2016.
80p. : il.

Indexado em GeoDados - http://www.geodados.uem.br.
ISBN 978-85-7743-267-7

1. Agroecologia. 2. Agricultura sustentável. 3. Agricultura industrial. 4. Manejo agroecológico. 5. Agricultura familiar. I. Vargas, Maria Cristina, org. II. Silva, Nívia Regina da, org. III. Título.

CDD 631:577.4

Catalogação na Publicação: Eliane M. S. Jovanovich CRB 9/1250

EDITORA EXPRESSÃO POPULAR
Rua Abolição, 201 – Bela Vista
CEP 01319-010 – São Paulo – SP
Tel: (11) 3112-0941 / 3105-9500
livraria@expressaopopular.com.br
www.facebook.com/ed.expressaopopular
www.expressaopopular.com.br

SUMÁRIO

09
APRESENTAÇÃO

11
O QUE COMEMOS NOS TRAZ SAÚDE?

17
SABER É A MELHOR FORMA DE VER

25
O QUE MUDOU NESSA HISTÓRIA?

47
TEM GENTE QUE PASSA FOME? TEM SIM

51
A IMPORTÂNCIA DAS SEMENTES

55
ALIMENTAÇÃO SAUDÁVEL PELO CAMINHO DA AGROECOLOGIA

75
VOCÊ TEM FOME DE QUÊ?

APRESENTAÇÃO

Você sabe de onde vêm os alimentos que são servidos nas casas, nas escolas, nas creches? De onde vêm os alimentos que compramos em nossa rua, no nosso bairro?

Nesse caderno, vamos voltar um pouco no tempo para entender as mudanças que ocorreram na produção dos alimentos e que impactos trouxeram sobre a vida.

Vamos entender como e por que os alimentos podem produzir saúde ou doença, podem ajudar no desenvolvimento saudável ou causar problemas.

Para isso, vamos conhecer um pouco da história da produção de alimentos. Geralmente se fala das grandes plantações de um só tipo de produto, conhecidas como monoculturas (cana-de-açúcar, café, algodão, milho, entre outras), mas é importante conhecermos o outro lado dessa história: a agroecologia.

A agroecologia é uma forma de produzir diferentes alimentos, de modo saudável e sem destruir a natureza. É disso que queremos tratar neste caderno; de uma agricultura que preserve a vida.

O QUE
COMEMOS
NOS
TRAZ
SAÚDE

Você já deve ter ouvido o seguinte ditado popular:

"TEMOS QUE COMER PARA VIVER, E NÃO VIVER PARA COMER."

Pois é...

Se o assunto é **ALIMENTAÇÃO**, temos que pensar muito sobre isso!

Afinal, a alimentação é fundamental para podermos viver. Mas é necessário entendermos que, para viver bem e com saúde, muitos são os fatores a serem levados em conta.

Precisamos **RESPIRAR**...
... e se o ar for puro, com certeza fará bem à nossa saúde.

Precisamos de **ÁGUA**...
... e até quando estamos sendo gestados ficamos protegidos numa bolsa cheia de água (chamada de líquido amniótico) e 90% do nosso corpo é constituído de água. Durante a gestação, somos alimentados através do sangue materno, que nos nutre pelo cordão umbilical. Quando nascemos, nosso primeiro alimento, por vários meses, é o leite materno. Sangue e leite são, em maior medida, constituídos por... água!
E mais: cerca de 60% do nosso corpo será composto de água, que pode vir tanto da água que bebemos quanto dos alimentos que consumimos.
Quando ar e água estão limpos e sem venenos, **MELHOR** para nossa saúde!
Precisamos de **COMIDA**...

... pois quando não comemos o mínimo que nosso corpo precisa por dia, ele pode sofrer muito. Se o alimento saudável é o nosso combustível para nos sustentar, sua ausência pode causar muitos danos: falta de energia, dificuldades de raciocínio e perda de memória, problemas no fígado e no intestino e, por fim, a perda total da capacidade dos órgãos do corpo funcionarem.

Portanto, para nosso corpo ter saúde, ele precisa de um meio ambiente saudável. E nós também fazemos parte desse meio ambiente Não temos como nos separar dele.

Preservar o meio ambiente é também preservar toda forma de vida: humana, vegetal ou animal. E quando não cuidamos do meio ambiente, não estamos cuidando de nós mesmos.

Produzir alimentos de forma saudável para promover a saúde

A maneira como os alimentos são produzidos interfere não somente na saúde de quem vai comê-los, mas no ambiente em que ocorre a produção. Toda ação dos seres humanos no meio ambiente gera reações, algumas imediatas e outras de longo prazo.

NÃO USAR AGROTÓXICOS evita que PLANTAS, ANIMAIS, TERRA, ÁGUA, FLORESTAS e o AR entrem em contato com vários tipos de veneno. E, assim, os alimentos ficam livres de contaminação.

USAR AGROTÓXICOS envenena os alimentos, o que pode causar doenças para quem os produz e para quem os consome. Além disso, o meio ambiente que recebe diretamente essas substâncias será alterado negativamente.

Mas há outras formas de envenenar os alimentos. Nas indústrias, por exemplo. As indústrias usam substâncias químicas nos alimentos, tanto para lavá-los quanto para fazer com que durem mais tempo e demorem mais para estragar. Com isso, alteram muito suas qualidades e seus sabores naturais. Talvez ,por isso, muita gente nem conheça o verdadeiro sabor de vários alimentos, pois somente teve a oportunidade de consumi-los em sua forma industrializada.

Por fim, há ainda a questão de como as indústrias descartam as substâncias usadas na produção. Por vezes, o que sobra acaba sendo jogado direto nos esgotos das cidades ou mesmo em rios, poluindo as águas e envenenando o meio ambiente em seu entorno.

SABER É A
MELHOR
FORMA
DE VER

Toda vez que vamos comer algo, temos a impressão de que somos nós ou nossa família que decidimos o que temos vontade de comer. Mas, será que é isso, mesmo? Nem sempre...

Um produto na prateleira do supermercado pode ter uma aparência tão chamativa e uma embalagem tão colorida que, às vezes, estimula a vontade de comê-lo antes mesmo de sabermos qual é o seu sabor e se ele é bom para a nossa saúde. Esse é o poder da propaganda comercial que pode influenciar nossas escolhas!

Além disso, ninguém nos ensina a saber o que tem em cada produto. Mas temos como descobrir, pois todas essas informações estão nos rótulos dos produtos.

Você já leu o rótulo de um produto industrializado?

Geralmente, os rótulos são escritos em letras pequenininhas e em linguagem difícil. Às vezes, estão meio escondidos nas embalagens.

Ler os rótulos é muito importante, pois podemos, por exemplo, verificar a data de validade ou conhecer os valores nutricionais dos alimentos. Observar e compreender estas informações nos permite escolher os alimentos que podem ser melhores para nossa alimentação.

Você já se perguntou por que nos rótulos não está escrito quais foram os agrotóxicos usados naquele produto? Será que não devemos saber que venenos foram usados?

PESQUISA:

ESCOLHA ALGUNS ALIMENTOS INDUSTRIALIZADOS QUE VOCÊ COSTUMA COMER E PESQUISE O QUE ESTÁ ESCRITO EM SEUS RÓTULOS.
HÁ RÓTULOS DE PRODUTOS QUE TÊM ESSE AVISO:

Isso quer dizer que são produtos transgênicos, ou seja, que sofreram modificação na genética de suas sementes.

ATENÇÃO:

MUITAS PESQUISAS COM DIFERENTES ESPÉCIES DE ANIMAIS ALIMENTADOS COM COMIDA TRANSGÊNICA VÊM MOSTRANDO QUE ESSES ALIMENTOS OFERECEM GRAVES RISCOS PARA A SAÚDE, POIS PARA CULTIVAR PLANTAS TRANSGÊNICAS, TAMBÉM SE UTILIZAM VÁRIOS TIPOS DE AGROTÓXICOS.

T

Se saber é a melhor forma de ver, então precisamos conhecer
COMO TUDO COMEÇOU

Vamos voltar ao passado para saber como nossos ancestrais se alimentavam.

Nossa espécie surgiu há milhares de anos; para se alimentar, coletava frutas, nozes, raízes, folhas, flores e sementes, além de caçar e pescar. Nossos ancestrais se deslocavam com frequência, especialmente em busca de novos locais onde pudessem encontrar alimentos.

Para se defender dos animais selvagens e conseguir alimentos, viviam em grupos e fabricavam ferramentas de trabalho com os materiais que encontravam diretamente na natureza, tais como madeira, pedra e ossos.

A comunidade, observando a natureza, passou a usar a água, o fogo, a terra, o vento, a energia do sol, as plantas e animais para benefício de todos. Ao mesmo tempo, as pessoas criaram um tipo de comunicação com gestos, sons e desenhos. Com isso, planejavam juntos suas ações.

As crianças eram cuidadas por todos, homens e mulheres. Todas as crianças eram cuidadas e educadas por toda a comunidade, sem diferenciar meninos de meninas.

ERA MUITO SEMELHANTE A UMA ALDEIA INDÍGENA, ONDE TODOS TRABALHAM, AS TAREFAS SÃO DIVIDIDAS ENTRE TODOS E A NATUREZA É MUITO RESPEITADA.
VOCÊ SABIA QUE NA FLORESTA AMAZÔNICA HÁ REGISTROS DE 107 GRUPOS INDÍGENAS ISOLADOS?
O TRABALHO COLETIVO LEVOU A MUITAS CONQUISTAS!

Como começamos a plantar e a criar animais?

Depois de milhares de anos de coleta e caça, nossos antepassados acumularam muito conhecimento através da observação dos ciclos da natureza. E, assim, desenvolveram a agricultura e domesticaram animais.

A agricultura foi criada há mais de 10 mil anos. Os primeiros cereais cultivados foram o trigo, o arroz e o milho. A descoberta da germinação das sementes foi fundamental e contou com a participação decisiva das mulheres.

FORAM MILHARES DE ANOS DE OBSERVAÇÃO E SELEÇÃO DE GRÃOS. AS PRIMEIRAS ESPIGAS DO MILHO, VEJA SÓ, ERAM PEQUENININHAS, TINHAM POUCO MAIS DE 1CM! E, COM BASE NA SELEÇÃO DAS MAIORES SEMENTES PELOS AGRICULTORES, HOJE EM DIA CHEGAM A TER 45 CENTÍMETROS!

Para cuidar das plantas e dos rebanhos, nossos antepassados tiveram que morar num lugar fixo, se tornando sedentários. A partir de então, construíram as primeiras aldeias, vilas e cidades.

No começo, as tarefas eram divididas entre todos, de diferentes idades. O trabalho de cada homem e mulher era de igual valor para a sobrevivência da comunidade.

E, assim, cada nova geração foi herdando o acúmulo de conhecimentos das gerações anteriores. E foram chegando até nós os ensinamentos sobre como cultivar e criar animais: o melhor tempo, o solo, a seleção das plantas e animais, o desenvolvimento de novas ferramentas. E pensar que tudo começou com o uso do fogo para preparar a terra e da vara para furar o solo e colocar as sementes...

Depois, nossos antepassados foram melhorando as ferramentas e as técnicas, diminuindo o esforço e preservando a natureza.

PARA REFLETIR:
APESAR DE TODOS OS CONHECIMENTOS SOBRE A AGRICULTURA, ATUALMENTE APENAS 4 TIPOS DE PLANTAS (*TRIGO, MILHO, ARROZ E CANA-DE-AÇÚCAR*) OCUPAM MAIS DE 70% DAS TERRAS AGRICULTÁVEIS DO MUNDO. A QUEM INTERESSA ESSA SITUAÇÃO?

O QUE MUDOU NESSA HISTÓRIA?

A humanidade passou a fazer ferramentas cada vez melhores, com o domínio do metal: arados, rodas, carroças puxadas por animais.
Com isso, a produção de alimentos aumentou.

Aumentou também a população, aumentaram as diferentes atividades produtivas. A produção que sobrava chamava-se excedente e era trocada de diversas formas, entre os grupos, pelas coisas que cada um precisava.

As melhores terras foram sendo tomadas por aqueles tinham mais poder, os que se apropriavam dos excedentes da produção da comunidade. Aqueles que tinham menos foram obrigados a trabalhar para quem tinha mais. Com isso, a sociedade tornou-se desigual e a propriedade da terra deixou de ser coletiva, passando a ser privada.

Mas os trabalhadores aceitaram perder suas terras? Não!

Foi preciso criar o Estado para manter o controle sobre os trabalhadores. De um lado, os donos de terras e mercadorias.

De outro, quem precisava trabalhar para sobreviver, entregando quase tudo o que produzia.

Essa história é marcada por contínuos conflitos e guerras. Por muito tempo os vencedores impunham a escravidão aos vencidos nas batalhas. Esse período é conhecido como escravismo.

Em alguns lugares, como no Egito Antigo, por exemplo, a elite, através do Estado comandado pelo faraó, impunha a escravidão aos vencidos nas guerras. E com o trabalho escravo dos vencidos foram construídas grandes obras para a irrigação de imensas áreas que serviam para aumentar a produção agrícola e pecuária; e também assim foram construídas as pirâmides.

Você já ouviu falar em feudo?

Chegamos à Idade Média. Nesta época, na Europa, a maioria das terras era organizada em aldeias chamadas feudos. Neles, muitas famílias camponesas produziam alimentos e cuidavam do rebanho para se sustentar e também sustentar os reis, rainhas e toda a monarquia, a nobreza e a Igreja, que eram donos da maior parte das terras de toda a Europa.

As pessoas que trabalhavam na terra eram chamadas de servos e pertenciam a um senhor feudal, que tomava as terras emprestadas do rei ou da Igreja e as dividia em duas partes: a primeira ficava para ele, e a segunda, arrendava para os seus servos.

As famílias de servos passavam por muitas dificuldades, pois eram obrigadas a cultivar as terras de seus senhores e ainda dividir suas colheitas com eles. Conta-se que, em períodos de tempestades, os servos tinham o dever de salvar as plantações dos senhores e, muitas vezes, perdiam toda sua lavoura.

Além do senhor feudal, os trabalhadores sustentavam a Igreja e os guerreiros ou soldados. Os servos acreditavam que o senhor feudal os protegeria das guerras através de seus cavaleiros e que a Igreja traria a salvação para todos os males. Mas, na verdade, eles enriqueciam às custas do trabalho das famílias de servos, que viviam em meio a muita pobreza.

Naquela época, os trabalhadores das aldeias produziam não só a alimentação, mas praticamente tudo o que um feudo necessitava, como mesas, camas, casas, carroças e tantas outras coisas. Quase não havia circulação de dinheiro, já que havia pouco comércio entre os feudos.

Por terem o conhecimento do solo, das sementes e dos animais e por saberem fabricar as próprias ferramentas, os servos camponeses puderam desenvolver ainda mais a agricultura e a pecuária, com a invenção do moinho, da charrua (arado com rodas), do adubamento e do descanso da terra.

Continuando essa história...

A partir do século XVI, a humanidade passou a vivenciar o modo de produção capitalista, que teve início com o aumento de trocas de produtos por dinheiro realizadas por um grupo de comerciantes, em especial na Europa. Esses mercadores tinham como objetivo obter lucros com essas trocas, tanto que buscaram riquezas naturais em outras regiões do planeta. Para isso, se apoderaram de territórios, como a América, e os transformaram em suas colônias. Era o colonialismo, que se baseou tanto na monocultura para exportar quanto na escravidão como forma de trabalho.

No Brasil, primeiro escravizaram muitos povos indígenas e, em seguida, passaram a escravizar povos negros africanos e trazê-los para cá.

Com essas atividades econômicas, os comerciantes europeus conseguiram acumular grande riqueza, tanto que passaram a investir em indústrias que produzissem mais.

E, assim, chegamos até os dias atuais: com muito trabalho para superar as dificuldades da natureza, muito conhecimento passado de geração para geração... E também muita luta para garantir a sobrevivência!

PARA REFLETIR:

SE NAS PRIMEIRAS COMUNIDADES TODOS TRABALHAVAM E TODOS COMIAM, MESMO HAVENDO POUCA COMIDA, O QUE ACONTECEU PARA QUE HOJE TENHAMOS MAIS CONHECIMENTO PARA PRODUZIR ALIMENTOS E, AO MESMO TEMPO, EXISTA TANTA GENTE PASSANDO FOME?

Com a industrialização capitalista, a agricultura mudou? O campo mudou? E a cidade, mudou?

Atualmente, a maioria das pessoas no nosso planeta vive em cidades. Algumas delas chegam a ter milhões de habitantes. Antes, como vimos, as pessoas viviam no campo, praticando principalmente a agricultura e a pecuária.

Por muito tempo, a maioria dos homens e das mulheres viveu do trabalho com plantas e animais. Cuidavam de várias plantas num mesmo lugar e criavam diferentes animais. Muitos povos indígenas, por exemplo, cultivavam milho, abóbora, mandioca e feijão, sem deixar de preservar partes da floresta.

Essa forma de cultivar com diversidade, que dá muito certo para produzir alimentos saudáveis e cuidar da natureza, chamamos de AGROBIODIVERSIDADE. É assim que, há muito tempo, milhares de famílias camponesas, quilombolas e povos indígenas têm produzido a alimentação para suas famílias, comunidades e cidades, conservando uma grande variedade de espécies animais e vegetais.

Mas há outra forma de fazer agricultura e pecuária: a monocultura praticada em grandes propriedades (latifúndio). Nela se produz para vender para outras cidades distantes e países, com o principal interesse de fazer negócios e acumular dinheiro.

No latifúndio não há cuidados com a agrobiodiversidade, com as florestas, nem com os bichos; também não há cuidado com as nascentes d'água e com os rios. Cultiva-se apenas um tipo de planta ou cria-se apenas um tipo de animal, em grandes fazendas. Pode ser só café, só cana-de-açúcar, só milho, só soja, só algodão, só laranja, só eucalipto, só criar gado... Tudo igual, até perder de vista!

A Terra não é mercadoria

Com o passar do tempo, essa forma de produzir transformou a vida no campo. O interesse e a ganância de produzir para vender, principalmente para fora do país (exportação), ganhou cada vez mais força.

Muitos povos e sua agrobiodiversidade vão perdendo lugar para as grandes plantações de monoculturas. O que eles poderiam fazer para sobreviver?

Muitos foram levados a buscar trabalho nas cidades – mesmo que fossem trabalhos bem diferentes dos que faziam na terra. No Brasil, por exemplo, milhões de pessoas viveram o chamado ÊXODO RURAL, ou seja, a saída – praticamente obrigada – do campo para as cidades. Nas cidades, muitos desses agricultores foram trabalhar nas fábricas.

PESQUISA:
VOCÊ CONHECE ALGUÉM DA SUA FAMÍLIA OU BAIRRO QUE VEIO DO CAMPO? PROCURE SABER POR QUE ISSO ACONTECEU.

Falando sobre a cidade, lá estava a indústria

O campo foi esvaziando, esvaziando... A cidade foi aumentando, aumentando e a cada dia ganhando mais fábricas.

As fábricas produzem variados tipos de produtos em enorme quantidade! Precisam de muita energia para funcionar. Haja combustível e energia para as suas máquinas!

Precisam também de matéria-prima para fabricar seus produtos. Matéria-prima é tudo aquilo que chega à indústria para ser transformado num outro produto pelo trabalho e uso das máquinas.

Com a necessidade de produzir em grande quantidade e rapidez, o campo passou a fornecer a maior parte das matérias-primas de que as fábricas precisavam, mas, agora, com menos gente trabalhando!

Para isso, os monocultivos foram ampliados, com maior produção de uma quantidade menor de tipos de plantas, diminuindo a agrobiodiversidade. A produção de roupas pode servir para se entender melhor o funcionamento das fábricas. Antes elas eram feitas todas à mão ou em equipamentos e máquinas muito simples, desde o fio até a tintura. Nas fábricas, elas passaram a ser produzidas por diversos tipos de máquinas de costura. A matéria-prima da roupa pode ser o algodão (uma planta) ou a lã (pelo retirado da ovelha), entre outras. Imaginem quanto algodão e lã são necessários para produzir tantas calças, camisetas, casacos, meias para a população de cada país.

Além das roupas, outros objetos passaram a ser produzidos nas fábricas. Quando vários tipos de fábricas ou indústrias passam a existir num mesmo país, atraindo mais pessoas para as cidades, dizemos que esse país passou pela industrialização e urbanização.

Comida? Agora só comprando

E de onde veio a alimentação para a cidade que crescia? Do campo! Até hoje grande parte dos alimentos são produzidos por camponeses que trabalham em pequenas áreas (e não nos latifúndios). No Brasil, de cada 100 kg de alimentos produzidos, 70 kg é produção das famílias camponesas.

Mas muita coisa mudou... Os produtos da terra viraram matéria-prima para as fábricas e alimentos para serem vendidos na cidade. Se tornaram mercadoria.

Tanto as matérias-primas das fábricas quanto os alimentos passaram a ser vendidos como mercadorias. Até os camponeses, que antes moravam no campo e produziam sua própria alimentação, agora, como trabalhadores nas cidades, são obrigados a comprar seus alimentos com o dinheiro (salário) que receberam em troca do trabalho na fábrica.

"Revolução Verde" ou destruição do verde?

Mas, outras mudanças, apoiadas por políticas públicas e dinheiro do Estado, aprofundaram os problemas do campo, tanto na monocultura dos latifúndios quanto na agricultura feita pelos camponeses em pequenas áreas de terra com grande agrobiodiversidade.

Para aumentar sua produção e o volume de negócios, os donos da monocultura buscaram o uso de máquinas, agrotóxicos, sementes modificadas e outras tecnologias produzidas pelas indústrias. O mesmo se fez com a criação de animais, com o uso de muitos produtos industriais.

É isso mesmo: o campo passou por uma grande transformação, também começou a ser industrializado. Mas não foi uma transformação positiva. Ela prejudicou a forma camponesa de produzir, impondo cada vez mais o uso das tecnologias das indústrias, que são muito caras, reduziu a variedade de alimentos que passaram a ser vendidos por poucas e grandes empresas (monopólio).

Isso ficou conhecido como "Revolução Verde".

Tudo isso alterou muito o solo, a água e a diversidade do meio ambiente de cada região. O que também prejudicou muito a agricultura camponesa, que historicamente vinha desenvolvendo muitos conhecimentos e tecnologias para o manejo cuidadoso da natureza. Os camponeses e camponesas reagiram a essa "destruição verde" que interferiu na natureza, procurando preservar muito mais o solo, a água e a diversidade de espécies com agricultura agroecológica camponesa.

Os trabalhadores do campo observaram essa alteração na diversidade das espécies das plantas que levou a grandes desequilíbrios ambientais. Eles sabem que a diversidade de espécies, na hora de produzir alimentação, é fundamental para o meio ambiente. Na natureza e no policultivo, a diversidade de plantas e animais convive em equilíbrio com maior controle e proteção natural entre si, e cada espécie se desenvolve e reproduz saudavelmente, cabendo aos camponeses e camponesas interferirem tecnicamente somente no que for necessário.

A luta contra essa "destruição verde" da monocultura foi grande, pois quando há apenas um tipo de plantação numa grande área de terra, a planta fica desprotegida contra o ataque de uma nuvem de gafanhotos ou de um montão de formigas, por exemplo. Formigas e gafanhotos fazem parte da natureza, e só danificam as plantações e as pastagens quando o meio ambiente está em desequilíbrio.

Para piorar, a indústria química desenvolveu os agrotóxicos, com a promessa de controlar o ataque de animais nas lavouras de monocultura. Os venenos foram aplicados nas frutas, legumes e cereais para matar as plantas, insetos, fungos, bactérias e vírus. Salvaram os lucros das lavouras, mas perderam na qualidade da vida. Os agrotóxicos fazem mal à saúde, tanto de quem trabalha nas plantações e mora próximo quanto de quem come os alimentos. Além disso, contaminam as aves, os mamíferos, os insetos, os microorganismos, os peixes, as matas e águas existentes na região onde são usados.

AS PRIMEIRAS PESQUISAS E FABRICAÇÃO DE VENENOS FORAM REALIZADAS DURANTE AS DUAS GUERRAS MUNDIAIS E NA GUERRA NO VIETNÃ. ESSES VENENOS FORAM USADOS COMO ARMAS QUÍMICAS PARA MATAR PESSOAS, DESTRUIR A PRODUÇÃO DE ALIMENTOS E DESFOLHAR AS FLORESTAS. DEPOIS, FORAM INTRODUZIDOS PELOS INDUSTRIAIS E GOVERNOS COMO AGROTÓXICOS PARA USO NA AGRICULTURA NO MUNDO INTEIRO. OU SEJA: O AGROTÓXICO É UMA ARMA QUÍMICA.

Sabemos que a natureza se modifica conforme a sua necessidade de reagir a várias mudanças. Estudos mostram que os insetos, fungos, bactérias e vírus também se modificam e ficam mais resistentes a determinados agrotóxicos. Na indústria química, continuamente se desenvolvem pesquisas e a fabricação de novos agrotóxicos ainda mais fortes – e assim vai aumentando a quantidade de veneno em nossa alimentação e no meio ambiente.

Essa mesma situação se dá na fabricação de medicamentos para os animais. São várias espécies de bactérias que têm desenvolvido resistência a antibióticos. O uso descontrolado de antibióticos na produção dos animais pode prejudicar as pessoas que se alimentam dessa produção.

TEM
GENTE
QUE
PASSA
FOME?
TEM
SIM!

Calcula-se que aproximadamente 805 milhões de pessoas – cerca de quatro vezes a população do Brasil – sofre a violência da fome.

Mas, o que é a fome? Também conhecida como desnutrição ou insegurança alimentar, é a situação em que o indivíduo, no seu dia a dia, não tem acesso à alimentação mínima e adequada de que precisa.

Não é aquele ronco na barriga quando está chegando a hora do almoço ou da janta, que logo será acalmado! É algo muito mais sério: é quando a pessoa está há algum tempo sem a alimentação adequada e sem a quantidade suficiente e, pior, sem saber se haverá uma próxima refeição.

Ao drama da fome acrescenta-se o problema dos desequilíbrios nutricionais que afetam as pessoas na forma de raquitismo ou obesidade.

Tudo isso não acontece por acaso. A produção principal no campo, hoje, são os monocultivos para vender para outros países – e não para resolver o problema da fome. Além disso, essas plantações ocupam muito espaço e trazem pouca diversidade.

Outro problema relacionado à fome é a falta de dinheiro para comprar comida. Há muita gente sem emprego e também muito emprego que paga pouco, insuficiente para garantir a sobrevivência digna de quem trabalha.
A alimentação diz muito sobre cada povo, ajuda a identificar sua cultura. Se pensarmos no Brasil, por exemplo, que é grande em extensão, percebemos que há diferenças alimentares de acordo com cada região, não é mesmo? Churrasco no Sul, cuscuz no Nordeste, pequi no Centro-Oeste, tucupi no Norte, e tutu de feijão no Sudeste. A feijoada é uma comida que identifica o Brasil, internacionalmente.

PESQUISA:
QUAIS SÃO AS COMIDAS E BEBIDAS TÍPICAS DO SEU ESTADO E DA SUA REGIÃO?

Com a padronização da alimentação e das tecnologias de produção, a agricultura se tornou uma parte da indústria e está obrigada a plantar em maior quantidade e em grandes monocultivos. Ainda assim, quem produz a maior parte da comida que chega ao nosso prato são os camponeses, que têm muita dificuldade para se manter na terra – embora continuem resistindo.

A IMPORTÂNCIA DAS SEMENTES

As sementes são o ponto de partida da vida das plantas. Quando plantadas, elas germinam, crescem e se transformam em novas plantas, que vão gerar novas sementes.

São importantes, porque possuem informações genéticas e culturais acumuladas durante milhares de anos na natureza e também pelos agricultores. Elesselecionam as plantas que nasceram e se desenvolveram com mais força, para que sejam as fornecedoras das próximas sementes a serem usadas.

Com a seleção das plantas, os camponeses e camponesas, povos indígenas e quilombolas garantem a agrobiodiversidade com plantas mais fortes e resistentes, por serem resultado da interação com o meio ambiente.

Esse trabalho de seleção e cuidado, que seguem fazendo durante milhares de anos, garante que as sementes sejam um patrimônio de todos os povos. Camponeses e camponesas, quilombolas e indígenas continuam cuidando, assim, das sementes.

Mas esse processo sofreu mudanças, principalmente com a chamada “Revolução Verde”. Muitas sementes guardadas por gerações foram descartadas, pois não tinham interesse econômico para o processo industrial. Cientistas e empresas passaram a alterar as sementes e animais para que rendessem mais e mais. Mexeram em seu código genético, criaram agrotóxicos, e, pior, foram aprovadas leis que permitem às empresas registrarem sementes e animais como suas propriedades. E agora poucas empresas declaram que são as únicas donas das sementes. Além disso, as alterações na genética das sementes irão gerar plantas que não produzem outras sementes estéreis e obrigará os agricultores a comprar mais sementes das empresas.

Este mesmo controle das empresas vem sendo feito com muitas espécies de animais. Os cientistas trabalham alterando continuamente a genética de vacas e bois, porcos, galinhas e frangos, cabras, ovelhas e outros animais. Há uma grave diminuição da diversidade das raças desses animais. Eles são criados com rações industrializadas, recebem a aplicação de muitos produtos industriais, destacando o uso de grandes quantidades de antibióticos, que podem afetar as pessoas que se alimentam do seu leite ou da sua carne.

Antibióticos são usados intensivamente na criação de frangos. As vacas produtoras de leite recebem banhos de venenos ou injeções de produtos industriais que podem permanecer como resíduos e podem ser ingeridos pelas pessoas que consumirem esse leite. Em muitas situações, os animais são mantidos, em grande número, confinados em áreas ou instalações muito pequenas, tendo uma vida de permanente estresse, doenças e em meio às suas próprias fezes e urinas. Na indústria, as carnes e o leite, em muitas formas de preparação, recebem várias substâncias químicas que podem afetar a saúde das pessoas que as consumirem, a depender das quantidades e da frequência do consumo, segundo a idade e outros aspectos de cada indivíduo.

Mas é assim que deve ser?

Com certeza, não! As sementes e os animais domésticos são algo muito importante e sempre fizeram parte da vida humana. Todos os seres humanos devem ter livre acesso às sementes e aos animais domésticos.

PARA REFLETIR: PARA QUE NOSSA VIDA SEJA MAIS SAUDÁVEL E A NATUREZA MELHOR PRESERVADA, É PRECISO QUE NOSSO MEIO AMBIENTE, NOSSA COMIDA E NOSSO CONHECIMENTO SOBRE COMO INTERFERIR NA NATUREZA SEM PREJUDICÁ-LA SEJA DE TODOS OS SERES HUMANOS, E NÃO MAIS UMA MERCADORIA.

ALIMENTAÇÃO SAUDÁVEL PELO CAMINHO DA AGROECOLOGIA

Para sabermos se temos uma alimentação saudável, é preciso descobrir de onde vêm os alimentos que consumimos. Grande parte da comida que nos chega à mesa é produzida com uso de agrotóxicos, adubos químicos industrializados, sementes que foram geneticamente modificadas e com uso de grandes quantidades de substâncias químicas da indústria na produção de animais. Como já vimos, esse tipo de produção afeta tanto os camponeses, indígenas e quilombolas, como o meio ambiente e a saúde de todos nós.

Mas há uma solução: os ALIMENTOS AGROECOLÓGICOS, produzidos por camponeses e camponesas que resistiram à tecnologia da "Revolução Verde". São pessoas que, com seu jeito de viver e produzir, respeitam a natureza, não destroem nem contaminam a terra, á água, as florestas, as plantas cultivadas e os animais. São pessoas que produzem alimentos saudáveis, de qualidade natural.

"QUE TEU REMÉDIO SEJA TEU ALIMENTO E TEU ALIMENTO SEJA TEU REMÉDIO."

A frase acima é do sábio Hipócrates, que viveu na Grécia antiga entre 460 e 370 antes de Cristo e é considerado o pai da Medicina. Repare que já naquela época estava claro que uma boa alimentação é a base da energia de que precisamos para brincar, pensar e trabalhar. Além disso, a alimentação ajuda no crescimento, na renovação das células do organismo e na prevenção de doenças. No mundo de hoje, uma excelente forma de garantir tudo isso é através dos ALIMENTOS AGROECOLÓGICOS.

AGROECOLOGIA é uma forma de viver e produzir alimentos em maior cooperação, cuidado com a natureza, realizando a produção de alimentos saudáveis em um tipo de desenvolvimento que melhore a vida de toda a humanidade.

Como isso funciona?

Para que a vida exista são necessários cinco fatores combinados: água, ar, nutrientes minerais, temperatura favorável e luz solar. Em cada parte do mundo essa combinação dá origem a um conjunto de animais e plantas muito diferentes. Chamamos essa variedade de seres vivos de biodiversidade. A agroecologia, portanto, realiza a produção de alimentos respeitando a diversidade da vida.

Geralmente, a produção agroecológica é realizada em áreas pequenas e médias, várias plantas são cultivadas e vários animais são criados pela própria família camponesa, que produz para a sua alimentação e para o abastecimento dos mercados locais, regionais e até nacionais.
Este jeito de produzir é bem antigo. Ao longo da história, os povos aprenderam muitas formas de usar os recursos da natureza com cuidado para produzir alimentos. E isso continua ainda hoje!

A agroecologia integra o melhor dos conhecimentos dos camponeses com as mais avançadas tecnologias e pesquisas para a produção de alimentos saudáveis. Muito diferente da "revolução verde", que destruiu o meio ambiente e colocou em risco a saúde dos trabalhadores e da população.

Diversos povos do planeta têm produzido alimentos saudáveis na história da humanidade. Muitos destes conhecimentos foram sendo desenvolvidos ao longo do tempo. No período entre 1920 e 1970, foi desenvolvida muita teoria sobre a agroecologia. Podemos ver alguns exemplos:

Agricultura biodinâmica que usa folhas, ramos, restos de frutas e legumes para adubar a terra; a Agricultura Orgânica, com uso de esterco, restos vegetais para também adubar a terra; a Agricultura Biológica, com uso de rotação de cultura e pouso; a Agricultura Natural, que segue as leis da natureza, ciclos ecológicos; a Permacultura, que além de seguir orientação dos ciclos da natureza, também realiza construção das casas e outras instalações a partir de recursos naturais e o uso de sistemas de saneamento ecológicos para o reaproveitamento da água e dos dejetos humanos.

No Brasil, a agroecologia vem se desenvolvendo há mais de 40 anos como uma forma alternativa de produção de alimentos em relação à agricultura que se desenvolvia com agrotóxicos e sementes modificadas. Ao longo do tempo, foi se buscando uma integração de práticas e conhecimentos dos camponeses, indígenas, quilombolas, e também de resistência à monocultura, aos agrotóxicos e às sementes geneticamente alteradas.

Há várias iniciativas de agroecologia espalhadas pelo país inteiro. Por exemplo, parte das famílias assentadas pela reforma agrária pratica a agroecologia para oferecer alimentos saudáveis para os trabalhadores do campo e da cidade, preservando as sementes e as raças tradicionais de animais.

REFORMA AGRÁRIA É UMA POLÍTICA DE ESTADO QUE VISA REALIZAR DISTRIBUIÇÃO MAIS JUSTA DE TERRAS, GARANTINDO O ACESSO AOS QUE NELA PRECISAM TRABALHAR E OUTROS RECURSOS PARA CAMPONESES QUE SOFRERAM COM ESTE MODELO DA REVOLUÇÃO VERDE E PERDERAM A POSSIBILIDADE DE VIVER E TRABALHAR EM SEU PRÓPRIO PEDAÇO DE CHÃO.

Caminhos da alimentação saudável

Quando chega a hora de se alimentar com a merenda da escola, muita gente nem imagina o longo trajeto que a comida fez para chegar até os alunos. Há leis e muitos trabalhadores envolvidos para garantir que a alimentação escolar percorra todo o seu caminho.

O Programa Nacional de Alimentação Escolar (PNAE), importante programa alimentar do Brasil, foi criado na década de 1950.
A partir de 1994, estados e municípios passaram a receber os alimentos fornecidos pelo PNAE para distribuir em suas escolas.

Em 2009, foi criada a Lei nº 11.947 que obriga que no mínimo 1/3 do dinheiro da alimentação escolar do PNAE compre produtos da agricultura familiar, ou seja, de pequenas propriedades.

De acordo com essa lei, os alimentos devem ser comprados diretamente das famílias agricultoras, de preferência dos assentamentos da reforma agrária e das comunidades indígenas e quilombolas.

Isso assegura a entrada de produtos livres de agrotóxicos nas escolas. Esses alimentos garantem melhor qualidade de vida às crianças.
O consumo desses alimentos também ajuda a manter o agricultor no campo, produzindo alimentos saudáveis.

O Programa de Aquisição de Alimentos (PAA), criado em 2003 pela lei nº 10.696 possui duas finalidades básicas: promover o acesso à alimentação e incentivar a agricultura familiar. A alimentação escolar também recebe produtos agroecológicos das áreas de reforma agrária.

DESAFIO:

COM DESENHOS OU NOMES DE ALIMENTOS, MONTE SEU PRATO COM ALIMENTOS SAUDÁVEIS, RESPEITANDO OS GRUPOS E PORÇÕES INDICADAS NA PIRÂMIDE ALIMENTAR.

Como saber se nossa alimentação é saudável?

Um prato com comida saudável deve ter alimentos variados, saborosos, livres de agrotóxicos e, de preferência, produzidos na região em que vivemos. Uma boa forma para saber se comemos de forma adequada é conferir a pirâmide alimentar, onde há informações que nos ajudam a montar um prato saudável.

Você sabia que existe um monte de coisas que comemos e bebemos que simplesmente não nos alimentam e, além disso, prejudicam nossa saúde? Um dos exemplos disso é o refrigerante. Ele contém uma enorme quantidade de açúcar! Quando bebemos o refrigerante, nosso corpo acumula esse açúcar sob a forma de gordura num processo em que ele ainda perde vitaminas e minerais. Ou seja: a pessoa engorda, mas fica sem os nutrientes necessários para ter saúde. Observe quanto açúcar há no refrigerante! Por outro lado, um suco natural de fruta – atenção: não esses de lata ou de caixinha! – é uma fonte muito maior de nutrientes. É só comparar.

Agroecologia: integrando a agricultura com a natureza e a humanidade

Chegamos ao fim de nosso caminho. Mas a aventura de aprender mais sobre as formas de produção dos alimentos e, principalmente, sobre a agroecologia, não termina aqui. Lembre-se: as famílias camponesas pretendem, através da agroecologia, contribuir para eliminar a fome de toda a humanidade de uma maneira que garanta uma boa vida para quem trabalha na terra, para quem consome os alimentos e para todo o meio ambiente.

A agroecologia:

- valoriza e pratica os conhecimentos dos povos camponeses, indígenas e quilombolas;

- promove o uso de ampla diversidade de espécies e raças de animais e de sementes naturais e tradicionais pelas famílias de camponesas. Afinal, os animais e as sementes são um patrimônio dos povos a serviço de toda a humanidade;

- usa as tecnologias avançadas que contribuem para produzir alimentos saudáveis e proteger a natureza;

- contribui para as famílias camponesas permanecerem trabalhando em suas terras e vivendo no campo;

- mostra que é possível plantar e criar animais sem agredir a natureza

- elimina o uso de agrotóxicos, sementes transgênicas e outros inventos da "revolução verde";

- cuida da natureza, promovendo a fertilidade natural da terra, protegendo as fontes de água e os rios, replantando florestas com plantas nativas, e protegendo os animais silvestres;

- preocupa-se com a saúde de quem trabalha no campo e de quem consome os alimentos;

- quer a soberania alimentar de todos os povos e países, como direito de cada nação manter e desenvolver suas formas de produção de alimentos, respeitando a diversidade ecológica.

Lutar pela agroecologia: lutar pela vida

A cada dia que passa, mais gente entende a importância da agroecologia. A importância de evitar os agrotóxicos, os transgênicos e a monocultura, e fazer a reforma agrária com a distribuição das terras dos latifúndios para aumentar o número de famílias camponesas vivendo e trabalhando no campo com agroecologia.

Muitas ações e iniciativas foram realizadas ao longo da história, desde a década de 1970, em crítica à "revolução verde". Podemos destacar, no Brasil, três importantes iniciativas de articulação e luta pela agroecologia. Duas ocorridas em 2002: a 1ª Jornada de Agroecologia no Paraná; e o 1º Encontro Nacional de Agroecologia (ENA), com o surgimento da Articulação Nacional de Agroecologia; em 2003, a realização do 1º Congresso Brasileiro de Agroecologia, que deu origem à Associação Brasileira de Agroecologia (ABA), em 2004.

Para aprofundar essa luta, foram estabelecidos muitos cursos e escolas de agroecologia espalhados pelo Brasil, multiplicando essa forma de produzir alimentos saudáveis.

Em 2015, mais de 4 mil pessoas se reuniram em Irati, no Paraná, na 14ª Jornada de Agroecologia, e reafirmaram o compromisso de lutar em defesa da vida, pela agroecologia, pela reforma agrária, pela solidariedade entre os povos do campo e da cidade e para que os alimentos deixem de ser fonte de doenças para muitos e de lucro para poucos e passem a servir a todas as pessoas como direito humano.

DICAS

- Contribuir para divulgar os benefícios de uma alimentação saudável.
- Valorizar os alimentos da região e resistir às propagandas de alimentos que façam mal à saúde, mesmo que tenham embalagens bonitas e pareçam gostosos.
- Lutar para que o alimento seja saboroso, saudável e tenha um preço justo.
- Antes de comprar um alimento, olhar com muita atenção sua aparência, os rótulos dos produtos, o prazo de validade, a lista de ingredientes, a informação sobre os nutrientes e verificar se a embalagem não está danificada.
- Comer sempre frutas e verduras, beber muita água e praticar alguma atividade física.

DOS 6 AOS 10 ANOS, AS CRIANÇAS PASSAM POR UM PERÍODO DE CRESCIMENTO MUITO INTENSO. PARA QUE ELE SE DÊ DA MELHOR FORMA POSSÍVEL, É NECESSÁRIA MUITA ENERGIA, POIS OCORRE FORTE ATIVIDADE FÍSICA E MENTAL. NADA MELHOR QUE UMA ALIMENTAÇÃO SAUDÁVEL PARA GARANTIR ISSO!

VOCÊ TEM FOME DE QUÊ?

Uma vida saudável é algo bem maior do que um corpo bem alimentado e capaz de realizar atividades como jogar bola, brincar de esconde-esconde, pular corda ou amarelinha. Além do cuidado com o que comemos, precisamos ficar atentos ao que lemos, vemos, ouvimos e falamos.

Ter acesso a livros, a vários tipos de música, ao cinema, à dança, ao circo, ao teatro, à pintura e a outras formas de arte também contribui para nosso desenvolvimento e nossa saúde.

Por fim, tão importante quanto comer alimentos sem veneno, e que nos dão boa disposição, é cuidar com carinho das pessoas próximas, ou não, de nós. Nossa família, os amigos do bairro, nossos colegas da escola, os professores e os funcionários que nela trabalham os moradores da nossa cidade. A felicidade delas é também a nossa.

E traz saúde para todos.

PERGUNTE

em casa  na escola 

O que você come

Onde são comprados os alimentos que você consome

Quem compra os alimentos que você consome.

Onde são produzidos os alimentos que você consome

CONCLUSÃO

Você considera sua alimentação saudável? Por quê?